STUDIO

1

RVDGARIVS- PVER FORTISSIMVS

verfasst von
Klaus-Uwe Dürr

C.C.BUCHNERS VERLAG

STUDIO

Kleine lateinische Texte
zur Unterhaltung,
zum Nachdenken
und Weiterlesen

Die Reihe STUDIO wird herausgegeben
von Klaus-Uwe Dürr und Reinhard Heydenreich.

Heft 1 RVDGARIVS – PVER FORTISSIMVS
wurde verfasst von Klaus-Uwe Dürr, Hamburg.

ISBN 3 7661 5721 3

2. Auflage 2 32 1999 98
Die letzte Zahl bedeutet das Jahr dieses Druckes.

Dieses Werk folgt der reformierten Rechtschreibung und Zeichensetzung. Ausnahmen bilden Texte, bei denen künstlerische, philologische oder lizenzrechtliche Gründe einer Änderung entgegenstehen.

Einband, Layout und Satz : Design Profile, Hirsch & Partner, Bamberg
Druck : Druckerei Fruhauf, Bamberg
Gedruckt auf Umweltpapier aus 100% Recyclingfasern.

VORBEMERKUNGEN

Auf der Suche nach einer Übergangslektüre – entweder zwischen der Lehrbucharbeit und dem Beginn der lateinischen Originallektüre oder die letzten Lehrbuchkapitel begleitend, wenn die Schüler von den ‚Lektionen' schon ermüdet sind – stieß ich vor Jahren auf ein kleines Buch, das in England erschienen war: VERCOBRIX, verfasst von A. H. Nash-Williams, zuerst erschienen im Mai 1955 und schon lange vergriffen. Es handelte sich hierbei um eine Abenteuergeschichte, die ein britannischer Junge mit Caesar und den Römern in den Jahren nach 54 v. Chr. in Britannien, Gallien, Spanien und Rom erlebt. Der Text war frisch geschrieben und machte meinen Schülern im Prinzip Spaß.

Es soll hier nicht im einzelnen auf Vorzüge und Nachteile des ‚Vercobrix' eingegangen werden. Jedenfalls ist festzustellen, dass das Büchlein aus mehreren Gründen keine wirklich brauchbare Übergangslektüre darstellte, und zwar vor allem deswegen, weil eine Reihe von sprachlichen Erscheinungen, die z. B. für die lateinische Historikerlektüre wichtig sind, entweder gar nicht oder nicht häufig genug berücksichtigt worden war.

Um nun sowohl das Interesse der Schüler am Lateinischen durch eine Abenteuergeschichte zu erhalten bzw. neu zu wecken, als auch um eine bescheidene Brücke vom Lehrbuch zur Originallektüre zu schlagen, wurde der RVDGARIVS verfaßt. Ich habe dabei einige brauchbare Ideen des ‚Vercobrix' übernommen, musste jedoch den Text sprachlich weitgehend neu gestalten. Auch inhaltlich mussten mehrere Änderungen durchgeführt werden, vor allem um zu einem abgerundeten, in sich überschaubaren und bündigen Handlungsablauf zu gelangen. Im Übrigen wurde der Ort der Handlung aus verständlichen Gründen nach Germanien verlegt, wodurch auch der zeitliche Rahmen verändert werden musste. Da auf ‚Caesar' als auf den bei Jugendlichen zweifellos bekanntesten römischen Namen nicht verzichtet werden sollte, wurde als Hintergrund der Aufenthalt des Kaisers Hadrian in Germanien (121/122) gewählt und dieser zunächst mit ‚Caesar' eingeführt (S. 11). Zugleich sollte das Augenmerk der Schüler auf diesen für das römische Reich so bedeutenden Kaiser gelenkt werden.

Die Handlung des RVDGARIVS betrifft zwei inhaltliche Bereiche:

1. den Aufenthalt römischer Truppen in Germanien;
2. die Situation der Germanen in einer römischen Provinz, repräsentiert durch Rudgarius selbst.

Diese Bereiche berühren sich bereits auf den Seiten 8–9 und bleiben während des gesamten Handlungsverlaufs miteinander verknüpft. Damit sind zugleich mannigfaltige Möglichkeiten für eine fächerübergreifende landeskundliche Zusammenarbeit zwischen dem Lateinunterricht und anderen Fächern, wie z. B. Geschichte oder Erdkunde, gegeben.

Es handelt sich bei RVDGARIVS um eine historische Erzählung, ähnlich einer Short Story mit ‚Happy End': Nach einer Einleitung auf Seite 6 (anfängliche Stabilität als Handlungsbeginn: Situation im römischen Lager) steigt die Handlungsspannung rasch an und erreicht mit der Befreiung des Rudgarius (S. 8–9) einen ersten Höhepunkt. Die Seite 10 liefert die Exposition, d. h. die nötige Hintergrundinformation. Mit dem Eingreifen des Kaisers (S. 11–13) wird die Handlung wieder vorangetrieben. Durch den mehrfachen Ortswechsel und einige Zwischenfälle (S. 14, 20, 21) steigt die Spannung ständig weiter. Auf Seite 22 hat sich die Lage scheinbar wieder stabilisiert, doch gewinnt die Handlung durch die Entführung (S. 23) noch einmal an Tempo und Spannung. Der Schluss ist dann in engerem Sinn einigermaßen versöhnlich.

Die häufig verwendete wörtliche Rede dient dazu, die Erzählung möglichst lebendig und persönlich zu gestalten, so dass die Schüler sich leichter in die Lage der handelnden Personen versetzen können.

Auf eine detailliertere Zeichnung der Charaktere wurde bewusst verzichtet, einerseits weil Vierzehn- bis Sechzehnjährige handlungsorientierte Lektüre bevorzugen, andererseits, weil der Umfang begrenzt bleiben sollte.

RVDGARIVS ist kurz genug, um gleich im Anschluss an die Lehrbucharbeit oder diese begleitend, d. h. als Übergangslektüre gelesen zu werden, etwa so, wie auch im neusprachlichen Unterricht kleine Geschichten eine willkommene Abwechslung bieten.

Die Zielgruppen für den RVDGARIVS sind also Schüler der Jahrgangsstufe 8 (Latein I) bzw. der Jahrgangsstufen 9/10 (Latein II). Für Schüler dieser Altersgruppen wird mit dem RVDGARIVS eine leicht lesbare, thematisch ansprechende und spannende Übergangslektüre angeboten, mit deren Hilfe sie allmählich an die Beschäftigung mit lateinischen Originaltexten herangeführt werden. Gleichzeitig kann dadurch die Scheu vor schwierigeren Texten abgebaut werden, so dass es sich geradezu anbietet, anhand des RVDGARIVS verschiedene Methoden der Texterschließung zu üben.

Der Wortschatz des RVDGARIVS ermöglicht die immanente Wiederholung des Grundwortschatzes, beschränkt sich aber nicht darauf. Alle Wörter, die über einen etwa 1300 Wörter umfassenden Grundwortschatz hinausgehen, werden jeweils *ad lineam* erklärt. Dadurch wird eine vertiefte Wortschatzarbeit ermöglicht, z. B. an Wortfeldern und -familien bzw. Sachgruppen. Ein Verzeichnis des Lernwortschatzes findet sich am Schluss des Bändchens.

Der RVDGARIVS enthält alle wichtigen Formen, ebenso zahlreiche Satzmuster und sprachliche Strukturen wie z. B. Partizipialkonstruktionen, deren sichere Kenntnis für die folgende Originallektüre notwendig ist.

Der relativ geringe Umfang, der nicht sehr hohe Schwierigkeitsgrad und der spannende Inhalt kommen den Lesegewohnheiten Jugendlicher der genannten Altersstufen entgegen. Zusätzlich wird durch den zeitlichen und örtlichen Rahmen das Verständnis für eine wichtige Epoche Deutschlands geweckt: Teile Germaniens unter römischer Herrschaft und damit unter jahrhundertelangem kulturellen – auch sprachlichen! – Einfluss Roms. *

Turm am römischen Grenzwall (Limes) bei Zugmantel im Taunus

* Hinweise und Vorschläge zur Behandlung des RVDGARIVS im Unterricht finden sich im Band AUXILIA 36 („Vom Lehrbuch zur Lektüre“), Bamberg 1994.

EXPLORATORES CASTRIS EXEVNT

„Cur tam tristis es, Quinte?“ His verbis Marcus Probus, sextae decimae legionis explorator, ad-loquitur Quintum Pudentem, amicum suum, qui prope tentorium sedebat; ipse de domo sua et de urbe Roma cogitabat.

„Nihil est, Marce. Non re vera tristis sum. De Flavia, uxore mea, cogito et delibero, quando e Germania discedere atque domum redire possimus; etiam de expeditione, quae hac nocte fiet.“

„Ita est“, inquit Marcus, „res maxima agetur. Dux enim istud flumen transire vult. Qua de causa quam plurima nobis investiganda sunt, ut eum de omnibus rebus certiorem faciamus. Ergo castris exeamus, ut collem, qui ultra istam silvam situs est, ascendamus! Inde et flumen et oppidum Novaesium, quamquam longe distat, conspicere possumus. Si maxima cura progressi erimus, fortasse ad summum collem pervenire et aliquid novi comperire poterimus.“

„Bene, statim eamus!“, Quintus respondit et surrexit. Sed ubi duo exploratores ad castrorum portam praetoriam pervenerunt, centurio, qui custodibus praeerat: „Consistite, viri! Quo itis?“ – „Ad silvam illam!“, inquit Quintus. „Experiamur, si forte quid novi cognoscere possimus.” – Centurio propius accessit, tum duos amicos agnovit. „Sane quidem!“, inquit. „Vos exploratores estis. Bene, vobis exire licet. Sed mementote vobis intra duas horas redeundum esse, cum dux concilium convocaverit et sine dubio vos quoque adesse debeatis!“ – Marcus dixit: „Revertemur ad tempus“, et celeriter per portam exierunt.

explorator, *-oris* m. (explorare) - Kundschafter
tentorium - Zelt
deliberare - überlegen
Germania - erstreckte sich in einem Radius von ca. 500 km um das heutige Kopenhagen
expeditio, *-onis* f. - Feldzug, Unternehmung
investigare - aufspüren, ausfindig machen
certiorem facere - benachrichtigen
Novaesium - Neuß (bei Düsseldorf)
distare - entfernt sein
porta praetoria - Vordertor (des Lagers)
agnoscere, *(agnosco, agnovi, agnitum)* - erkennen
Sane quidem - Ach ja!

a) In welche drei Sinnschnitte ist dieses Kapitel gegliedert?
b) Stelle alle Verbformen, geordnet nach Tempora und Modi, in einer Tabelle zusammen.
c) Welche Funktionen haben diese Formen innerhalb des Textzusammenhangs?
d) Stelle alle Wörter zusammen, die zum Wortfeld ‚Auskundschaften‘ gehören.
e) Welche Verben der Bewegung werden verwendet? Beginne eine Sammlung.
f) Nenne je ein Beispiel für: indirekter Fragesatz, Gerundiv, AcI.

Novaesium, festes römisches Standlager (castra stativa) der XVI. Legion.
Während in den nur für kurze Zeit errichteten Marschlagern Zelte standen, wohnen die Soldaten hier bereits in festen Holz- und Steinbauten.

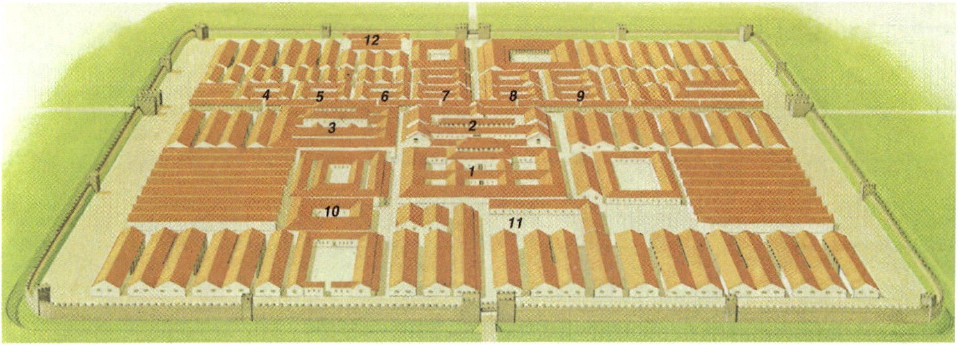

1 Haus des Befehlshabers (praetorium) 2 Legionshauptquartier (principia) 3 Krankenhaus 4–9 Häuser der Tribunen 10 Werkstätten 11 Forum 12 Verpflegungsmagazin und Küchengebäude

Römischer Legionär (miles legionarius).
Links ein Steinrelief, rechts Konstruktionszeichnung.
Er trug Schutzwaffen (arma), d. h. Helm, Schild und Brustpanzer, sowie Angriffswaffen (tela), d. h. Speer und Schwert.

PVER E PERICVLO SERVATVR

Postquam ponticulum transgressi sunt, celeri gradu processerunt, dum ad extremam silvam pervenerunt. Tum parvam semitam sequebantur. Sed arbores undique densae viam difficilem reddiderunt, ut Quintus et Marcus aegerrime progrederentur. Paulo post Quintus, qui ante-ibat, subito susurravit: „Consiste! Nonne sonitum audi(vi)sti?“ – Paululum ambo silentio stabant. Tum Marcus „Sonitum quidem“, inquit, „audivi, sed mihi potius gemitus esse videtur. Paulo longius procedamus eo, ubi arbores minus densae sunt!“ – Summo silentio prorepserunt, dum locum paulo inferiorem assecuti sunt. Statim constiterunt horribili aspectu commoti.

Inter arbores erat area haud magna, et in medio saxum ingens. Decem fere Germani vultibus ferocissimis atque sicas ferentes illud saxum circumstabant, in quo puer vel adulescens partim iacens summis viribus se ex eorum manibus eripiebat. At quamquam fortissime contendebat, nihil efficiebat neque vocem ullam – ore pelle obstructo – edere poterat. - „Ecce!“, inquit Quintus, „Haud dubie eum necaturi sunt! Nos eos prohibere debemus. Tu curre celeriter ad adversam partem! Collige quam plurima saxa et, ubi paratus eris, clamorem tolle et saxa iaciens rue in istos barbaros! Ego idem faciam; eo modo illos fortasse conturbabimus.“

Nec aliter res gesta est. Quattuor Germani primo impetu saxis vulnerati sunt, ut magnum numerum hostium adesse arbitrati puerum relinquerent et confestim in silvam fugerent.

Duo amici statim puerum liberaverunt. Sed simulac pellem ademerunt, ille exclamavit: „Cito! Cito fugite!“ – „Cur ‚fugite‘ dicis?“, inquit Quintus. „Isti non red-ibunt.“ – Puer respondit: „Isti fortasse non redibunt, sed multi alii mox huc venient, ut facinus vestrum ulciscantur.“ – Romani primo cunctabantur; deinde autem precibus pueri permoti

ponticulus *(pons)* - kleine Brücke
semita - Pfad
susurrare - flüstern
paululum - ein wenig
gemitus, *-us* m. (gemere) - das Stöhnen
prorepere *(prorepo, prorepsi)* - vorwärtskriechen
aspectus, *-us* m. (aspicere) - Anblick
area - freier Platz

sica - Dolch
pellis, *-is* f. - Fell
obstruere *(obstruo, obstruxi, obstructum* - verschließen
haud dubie - ohne Zweifel
ruere *(ruo, rui, ruiturus)* - stürzen
conturbare - verwirren
confestim (Adv.) - sofort
simulac - sobald

et expeditionis nocturnae memores iter retro verterunt, ut ad tempus castra consequerentur.

retro (Adv.) - zurück, rückwärts

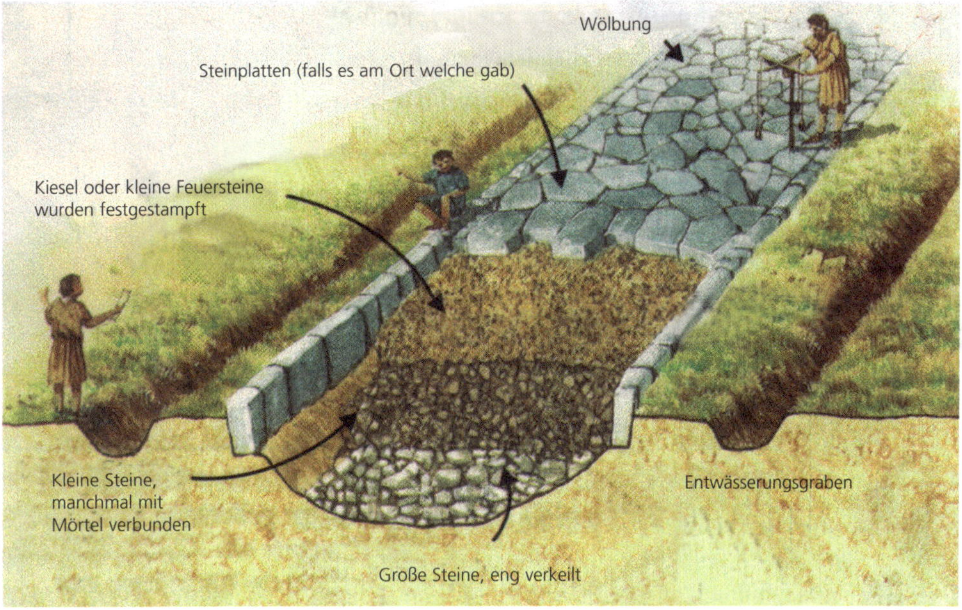

Die von den Römern eroberten Gebiete waren durch ein gewaltiges Netz von Fernstraßen miteinander verbunden. Diese Straßen waren möglichst geradlinig angelegt; dazu mussten Brücken, Viadukte und sogar Tunnel gebaut werden. Kleine Straßen waren zwischen 3 und 4,5 m breit, große bis zu 7,7 m.

a) Ergänze die Sammlung ‚Verben der Bewegung'.
Ordne sie z.B. nach Komposita von *ire, gradi, cedere, sequi.*

b) Erläutere die Funktion der Imperfektformen *circumstabant*, *eripiebat*, *contendebat*, *efficiebat*, *poterat*.

c) Stelle die Imperativformen zusammen und nenne die dazugehörigen Infinitive mit Stammformen und Bedeutungen.

d) Suche aus dem ersten und dem letzten Absatz alle Formen, die von Deponentien gebildet werden.

e) Bestimme die Sinnrichtungen der Gliedsätze in Zeile 4 (ut), Zeile 17 (quamquam) und Zeile 25 (ut).

f) Zeige je ein Beispiel für: NcI, Satzfrage, Abl. abs.

RVDGARIVS DE SE IPSE NARRAT

Dum re-grediuntur, Quintus puero: „Dic, quaeso", inquit, „quo nomine te appellent. Et a quo linguam Latinam didicisti? Optime enim nostra lingua loqueris." – Cui puer: „Ego Rudgarius sum; nuper a Langobardis, qui ad Albim flumen habitant, redii, quo pater me multos ante menses duxerat. Ibi apud amicos versabamur, quorum unus – eques erat – diu in exercitu Romano militaverat. In proelio cum Gallis commisso graviter vulneratus nunc domi vivit. Ille me linguam Latinam docebat." – „Sed cur isti Germani te necare voluerunt?" – Lacrimas vix tenens Rudgarius respondit: „Ubi a finibus Langobardorum revertimus, patris inimici, qui eo absente civitatem administraverant, eum matremque meam necaverunt, ut potestatem retinerent." – „Ergo pater tuus", inquit Marcus, „rex erat." – Rudgarius perrexit: „Ita est. Rex erat Sueborum; Marbodius appellabatur. Ei inimicissimus est Egbertus, qui patre meo necato nunc cum sociis suis civitatis nostrae potestatem habet." – „Cur autem isti homines te non interfecerunt?" – Puer respondit: „Ego patruo adiuvante servatus ex eorum manibus elapsus sum et in silvas fugi, sed paulo post captus sum et, nisi vos inter-venissetis, sine dubio interfectus essem. Maximas gratias vobis, viri optimi, debeo, quod me serva(vi)stis. Iam illud unum mihi in animo est: parricidas matricidasque ulciscar!"

Langobardi - germ. Volk an der Elbe
Albis - Elbe

militare (*miles*) - Kriegsdienst leisten, dienen

absens (*abesse*) - abwesend

Suebi - großes germ. Volk in Mittelgermanien

patruus - Onkel (Bruder des Vaters)
elabi (*elabor, elapsus sum*) - entgleiten, entkommen
sine dubio - ohne Zweifel

parricida/matricida (*pater, mater /caedere*) - Vater-/Muttermörder
ulcisci (*ulciscor, ultus sum*) sich rächen an

a) Ergänze die Sammlung ‚Verben der Bewegung' wie oben.

b) Suche alle Abl. abs.

c) Nenne die Infinitive zu allen Deponentien in diesem Abschnitt.

IN CONCILIO ROMANORVM

Quibus verbis permoti tacebant, dum ad Romanorum castra pervenerunt. Postquam per eandem portam, qua antea exierant, intraverunt, commilitones Marci et Quinti stupefacti et curiosi puerum Germanicum intuebantur et multa de eo comperire volebant. Duo amici haud inviti respondebant, cum centurio advenit et „Marce et Quinte", inquit, „vobis statim mecum eundum(e)st! Caesar enim concilium iam convocavit quaesivitque, ubi essetis." – Quintus igitur Rudgarium celeriter ad tentorium duxit et aqua ciboque dato suum reditum exspectare iussit. Tum cum amico ad praetorium contendit.

Ibi Caesar cum omnibus legatis atque primipilo concilium habebat. Ubi exploratores intraverunt, statim eos rogavit: „Cur tam sero venistis? Nonne expeditionem rem maximi momenti esse scitis? Quid novi cognovistis?" – Cum Quintus Caesari breviter de omnibus, quae viderat, praecipue de puero Germanico, narravisset, ille sine mora Rudgarium adduci iussit.

commilito, *-onis* m. - Kamerad
stupefactus, *a, um* (*stupere/facere*) - sehr überrascht
curiosus, *a, um* - neugierig
intueri (*intueor; tueri*) - betrachten

Caesar - P. Aelius Hadrianus Imperator Caesar: der Kaiser Hadrian; vgl. S. 3

primipilus - ranghöchster Hauptmann

momentum - Bedeutung, Wichtigkeit

praecipue (Adv.) - besonders

Die Legion ist angetreten: Ein gegnerischer Feldherr (hier: Vercingetorix) ergibt sich Caesar.

a) Ergänze die Sammlung ‚Verben der Bewegung' wie oben.

b) Stelle die Angaben zusammen, die sich auf den zeitlichen Ablauf des Geschehens beziehen.

c) Zeige je ein Beispiel für: Genitivus subiectivus, qualitatis, partitivus.

CAESAR CVM RVDGARIO LOQVITVR

Puer primo perterritus iuxta Quintum constitit, quod tot Romanis militibus praesentibus maximo timore occupatus est. Sed ubi Caesar eum benigne ad-locutus est, paulo audacior factus est et libenter Caesari roganti respondit.

„Cunctine cognati tui sunt interfecti?“, rogavit dux. – Ei Rudgarius: „Non omnes. Patris mei frater effugit et nunc in loco secreto cum paucis comitibus fidis latet.“ – „Scisne, ubi hic locus secretus sit?“ – „Certe! Sed tibi prodere mihi non licet.“ – Caesar ridebat et perrexit: „Id scire nolo, sed rem tibi plane aperiam: Suebi in animo habent bellum nobis iterum inferre. Itaque periculum est, ne Egberto duce cum compluribus Gallicis gentibus, praecipue cum Treveris, se coniungant neve bellum nobiscum re-novent. Eos, si potero, ab hac re prohibebo; patruus tuus fortasse me adiuvare poterit. Tune scis, an hoc facturus sit?“ – „Nescio”, Rudgarius dubia voce respondit. – Caesar iterum ridebat: „Noli timere! Loquere audacter, quia verum audire volo!“

His verbis commotus Rudgarius patruum suum Rinoldum appellari narravit. Egbertum eiusque socios, qui patrem suum necavissent, iam diu ei odio fuisse. Sed Rinoldum etiam Romanos odisse, quod Germanos ab iis subigi existimaret. Tamen fortasse eum hac occasione usurum atque Romanos adiuturum esse, si Caesar istos homines, qui tot et tanta scelera commisissent, puniret.

Auditis Rudgarii verbis Caesar severa voce dixit: „Equidem summum supplicium de eis sumam, cum non modo sicarii sint, sed etiam toti huic regioni, quae a nobis pacata est, infesti sint!“ Tum Rudgarium interrogavit, quomodo patruum certiorem facere posset.

Rudgarius respondit: „Optimum esse credo me ipsum iturum esse. Nam etiam nocte obscurissima facillime locum invenire potero, ubi patruus se occultavit. Sed licetne Quinto Marcoque me comitari?” – Quod Caesar libenter

iuxta (Präp. m. Akk.) - neben

benigne (Adv.) - freundlich

cognatus - Verwandter

latere - versteckt sein

secretus, *a, um* (*secernere*) - geheim

Treveri - kelt. Volk an der Mosel (‚Trier‘)

subigere (*subigo, subegi, subactum; agere*) - unterjochen, unterdrücken

punire - bestrafen

summum supplicium sumere de - mit dem Tode bestrafen

sicarius (*sica*) - Mörder

infestus, *a, um* - feindlich, bedrohlich

concessit, cum id non modo ad securitatem, sed etiam ad certum Rudgarii reditum pertinere arbitraretur.

securitas, *-atis* f. - Sicherheit

Tum Rudgarium iussit:
„Ubi ad patruum tuum perveneris,
roga eum de omnibus his rebus et ei promitte
Hadrianum Caesarem,
populi Romani imperatorem,
istos scelestos,
qui eius fratrem atque huius uxorem necaverint,
puniturum esse,
si ille in ea re,
quam tibi breviter explicavi,
Romanos adiuturus sit.“

scelestus - Verbrecher

explicare - erklären

Ad legatos versus: „Iubete milites nostros“, inquit, „cibum capere et corpora curare! Sed nemini castris excedere licet, donec Rudgarius rediit!”

Im Zentrum des Lagers lagen die Verwaltungsgebäude (principia, vorn) sowie die Wohnung des Feldherrn (praetorium, dahinter).

a) Was hat Rudgarius wörtlich gesagt? – Verwandle die abhängige Rede (oratio obliqua) in Zeilen 18–24 in direkte Rede (oratio recta).

b) Erläutere die Struktur des Satzes in Zeilen 36–46.

c) Welche Wörter gehören zu den Wortfeldern ‚Furcht, Gefahr, Strafe‘?

PER SILVAM AD PATRVVM

Paulo post Marcus et Quintus, similiter ac Rudgarius vestiti et sicis tantum armati, cum adulescente Germanico castris excesserunt. Primo Rudgarius eos eadem via, qua antea processerant, duxit. Sed ubi ad eum locum pervenerunt, quo ille paene mortem obierat, ad sinistram se vertit. Arbores undique tam densae erant, ut nulla semita esse videretur. Rudgarius tamen fortiter progressus est, dum ad extremam silvam venit. Ibi constitit et: „Patruus meus“, inquit, „haud procul hinc in caverna occultatus est. Quam cavernam densissimis virgultis tectam nemo, nisi qui hunc locum bene cognovit, reperire potest. Ego igitur solus procedam; vos brevi tempore silentio me sequimini!“

Itaque duo Romani paulisper remanebant. Cum Rudgarius paene ex eorum conspectu abisset, summa cura adulescentem sequi coeperunt. Non longe ita progressi subito hominem quendam se ex arbore proicientem atque Rudgarium ad terram conicientem vident. Quam celerrime pro-currunt; Marcus manum eius, qui Rudgarium sica transfixurus est, corripit. Deinde summis viribus eum vincunt vinciuntque. Rudgarius, cuius genua adhuc tremebant, istum hominem Sueba lingua interrogavit, quis esset, unde venisset, quis eum misisset, sed ille nihil respondit. Tandem Rudgarius Marco Quintoque dixit: „Venite nunc, sed iterum me parvo intervallo sequi debetis, quod ego cum patruo loqui volo, priusquam vos conspexerit.“

Postquam ad altam quercum pervenerunt, Romanis signo demonstravit, ut ibi consisterent. Deinde quibusdam ramis remotis ad magnum saxum prod-iit pauca verba Sueba lingua vocans. Apparuit hoc saxum quasi ianuam esse. Nam ab aversa parte paululum motum est et mulieres atque viri quidam apparuerunt. Quamquam verba audiebant, Romani intellegere non poterant, quid significarent. Tandem Marcus et Quintus a Germanis gestu nutuque invitati sunt, ut appropinquarent.

vestire - bekleiden
paene (Adv.) - beinahe
mortem obire - sterben
densus, *a, um* - dicht
caverna - Höhle
virgultum - Strauch, Gebüsch
paulisper (Adv.) - kurze Zeit
se proicere (*proicio, proieci, proiectum; iacere*) - sich (nach vorn) stürzen
transfigere (*transfigo, transfixi, transfixum; figere*) - durchbohren
corripere (*corripio, corripui, correptum; rapere*) - packen
vincire (*vincio, vinxi, vinctum*) - fesseln
genu, *-us* n. - Knie
tremere (*tremo, tremui*) - zittern
Suebus, *a, um* - suebisch
intervallum - Zwischenraum, Abstand
priusquam - bevor
quercus, *-us* f. - Eiche
ramus - Zweig
ianua - Tür
aversa pars - „die abgewandte Seite“, hinten
gestu nutuque - durch Zeichensprache

Im Jahre 1985 feierte die Stadt Augsburg ihr 2000 jähriges Jubiläum. Aus diesem Anlaß wagte der Militärhistoriker Dr. Marcus Junkelmann ein Experiment: er wollte selbst erleben, wie römische Legionäre durch die Alpen marschiert waren. Dazu ließ er für sich und sieben Kameraden originalgetreue römische Legionärsausrüstungen anfertigen. Das Experiment war erfolgreich: die modernen „Legionäre" marschierten in Verona los und kamen schließlich – allerdings ziemlich erschöpft – in Augsburg an.

Die Abbildung zeigt Dr. Junkelmann als römischen Centurio.

a) Sammlung ,Verben der Bewegung' wie oben.

b) Suche aus diesem Kapitel je ein Beispiel für folgende Gliedsätze: Relativsatz; temporaler, kausaler, konzessiver, finaler, konsekutiver, kondizionaler Gliedsatz; indirekter Fragesatz.

c) Nenne in diesem Abschnitt je ein Verbum mit u-, v-, s-, Dehnungs-, Reduplikationsperfekt.

d) Bilde die Tempusreihe zu: potest - currunt - debetis - volo.

e) Von welchen lateinischen Verben werden die folgenden Fremdwörter abgeleitet: Prozeß, progressiv, Projekt.

STÄDTE UND LEGIONSLAGER DER GERMANIA ROMANA

Römische Funde in deutschen Museen (Auswahl)

Aachen	Museum Burg Frankenfeld
Aalen	Limesmuseum
Aschaffenburg	Stiftsmuseum
Augsburg	Römisches Museum
Bad Homburg	Saalburgmuseum und Saalburgkastell
Bad Kreuznach	Karl-Geib Museum, Römerhalle
Bad Münstereifel-Iversheim	Römische Kalkbrennerei
Bad Nauheim	Salzmuseum
Berlin	Antikenmuseum
Bonn	Rheinisches Landesmuseum
Darmstadt	Hessisches Landesmuseum
Dieburg	Kreis- und Stadtmuseum Schloss Fechenbach
Düren	Leopold-Hoesch-Museum
Eichstätt	Juramuseum Willibaldsburg
Erbach	Gräfliche Sammlungen Schloss Erbach
Fließem-Otrang	Römische Villa Otrang
Frankfurt/M.	Museum für Vor- und Frühgeschichte
	Römische Ausstellung Nida-Heddernheim
	Römische Thermen
	Römische Töpferei in Heddernheim
Friedberg	Wetteraumuseum
Haltern	Römisch-Germanisches Museum
Heidelberg	Kurpfälzisches Museum
Heidenheim	Museum Schloss Hellenstein
Hildesheim	Roemer-Pelizaeus Museum
Homburg (Saar)	Freilichtmuseum Schwarzenacker
Jülich	Römisch-Germanisches Museum
Karlsruhe	Badisches Landesmuseum
Kempten	Römische Sammlung im Zumsteinhaus
Koblenz	Mittelrhein-Museum
Koblenz-Ehrenbreitstein	Landesmuseum
Köln	Römisch-Germanisches Museum
Ladenburg	Lobdengaumuseum
Ludwigshafen	Stadtmuseum, Wilhelm-Hack-Museum
Mainhardt	Römisches Museum
Mainz	Römisch-Germanisches Zentralmuseum
	Mittelrheinisches Landesmuseum
Mannheim	Reiß-Museum
München	Prähistorische Staatssammlung
Murrhardt	Carl-Schweizer Museum
Nennig	Römische Villa Nennig
Neuss	Clemens-Sels-Museum
Obernburg	Römerhaus
Oberriexingen a. d. Enz	Römischer Weinkeller
Öhringen	Weygang-Museum
Perl-Nennig	Römische Villa
Passau	Oberhausmuseum
Regensburg	Stadtmuseum
Remagen	Römisch-Fränkisches Heimatmuseum
Rottenburg a. N.	Sülchgau-Museum
Rottweil	Stadtmuseum
Saarbrücken	Landesmuseum für Vor- und Frühgeschichte
Speyer	Historisches Museum der Pfalz
Straubing	Gäubodenmuseum
Stuttgart	Württembergisches Landesmuseum
Trier	Rheinisches Landesmuseum
	Dom- und Diözesanmuseum
Weißenburg i. B.	Heimatmuseum und Thermenanlage
Xanten	Regionalmuseum und Archäologischer Park

(um 200 nach Chr.)

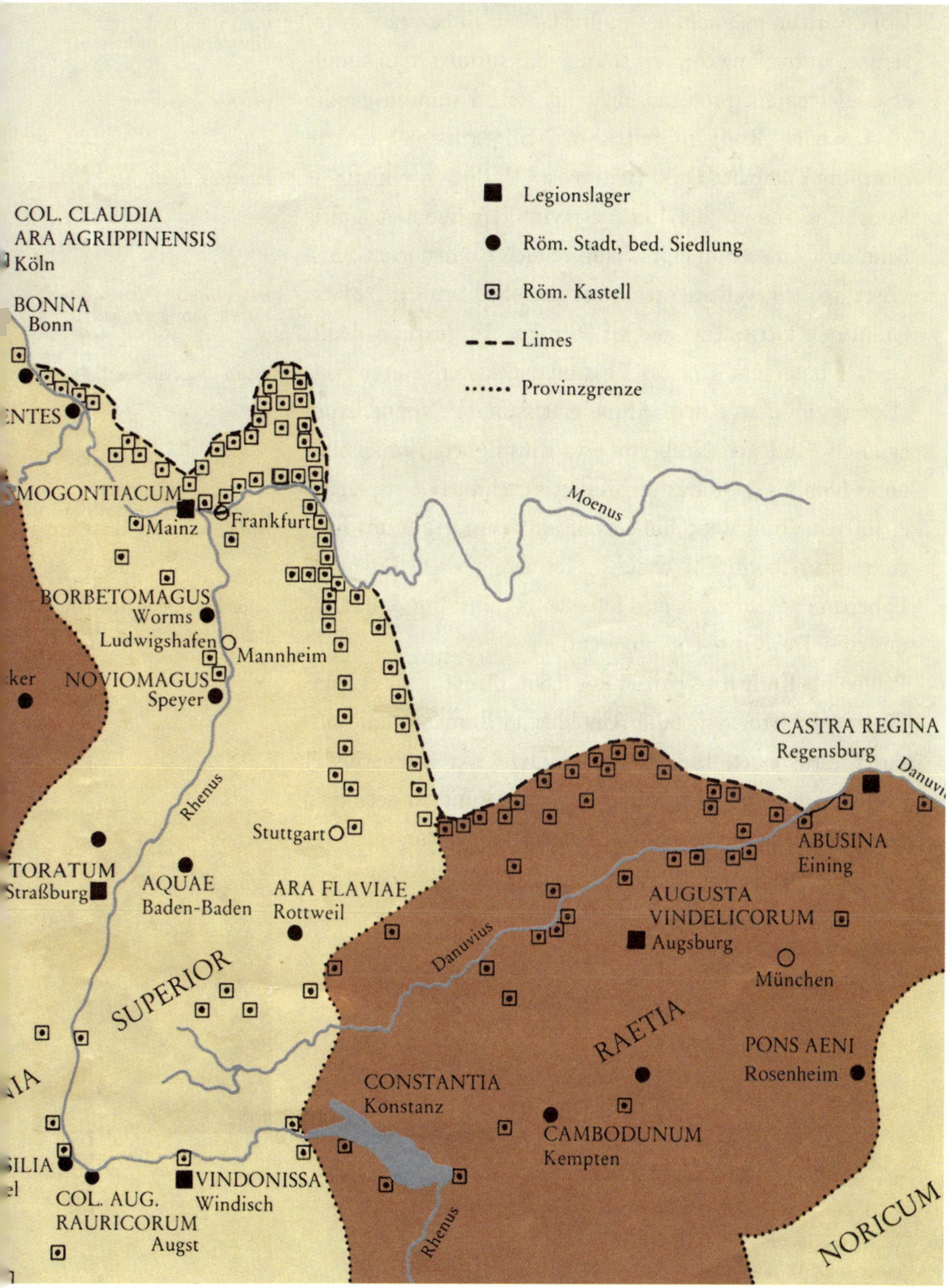

IN CAVERNA RINOLDI

Ubi cavernam magnam per-multis facibus illustratam intraverunt, vir maxima corporis statura sede surrexit. Qui simulac adulescentem prodeuntem vidit, statim summo gaudio ex-clamavit: „Rudgari, fratris mei fili carissime! Iam te mortuum putabam. Quid factum est? Unde huc venisti?“ – Rudgarius omnia breviter narravit. His rebus cognitis Rinoldus – ille enim erat – cum nomen Romanorum audivisset, initio vehementer irascitur. Sed ubi de Marci Quintique fortitudine audivit, benigne iis dextram dedit. Deinde hominem vinculis ligatum aspexit et leniter risit: „Donum mihi attulistis! Atque gratissimum! Nonne istum agnoscis, Rudgari? Norbertus est, filius Egberti, amicissimi nobis hominis!“ Quibus verbis dictis cachinnavit et plagam ei inflixit. Tum dixit hunc eventum Caesari gratum fore, cum istum hominem obsidem retinere posset. Eo modo Egbertum atque socios eius fortasse impediri posse, quominus cum Treveris se coniungerent.

Paulo post Rudgarius patruo nuntiavit, quae Caesar ei mandaverat. Interrogavit, num Rinoldus ad Romanos adiuvandos paratus esset. Ille primo dubitavit, sed Rudgarius et exploratores Romani denique ei persuaserunt, ut secum in castra Romana iret et cum Caesare col-loqueretur.

fax, *-cis* f. - Fackel
illustrare - erleuchten

prodire - vortreten

mortuus, *a, um* - tot

irasci (*irascor, iratus sum*) - zürnen, zornig werden

ligare - binden, fesseln

cachinnare - laut lachen
plagam infligere (*infligo, inflixi, inflictum*) - einen Schlag versetzen

impedire, quominus - daran hindern, dass

Restaurator
bei der Arbeit an Wandmalereien
in einer römischen Villa

a) Sammle Verben, Nomina und Adverbien zu den Wortfeldern: 1. reden, sprechen - 2. denken - 3. Empfindung, Gefühlsäußerung.

b) Was hat Rinoldus wörtlich gesagt?
Verwandle die oratio obliqua nach ‚Tum dixit‘ (Z. 14) in oratio recta.

CONSILIVM COMMVNE CAPITVR

Simulatque in castra pervenerunt, statim in praetorium ducti sunt, ubi imperator servo cuidam epistulam dictabat. Parva manu Germanorum Romanorumque conspecta Caesar surrexit et omnes comiter salutavit. Omnibus rebus atque consiliis Rinoldi expositis dux diu tacitus stabat. Tandem dixit: „Macte virtute! Vos omnes maxime laudo, quod mihi et rei Romanae magno auxilio fuistis. Nunc consilia nostra coniungamus et inimicos vestros, hostes nostros, impediamus, ne Gallos Mosellam tra-ducant neve agros civitatum Germanarum vastent. His rebus confectis te, Rinolde, principem Sueborum atque te, Rudgari, civem Romanum faciam!“ Laeti Rinoldus et Rudgarius, quantum auxilii ferre possent, se laturos promiserunt. Tum obscura iam luce Quinto, Marco Caesarique dextras dederunt et ad cavernam redierunt.

simulatque - sobald

comiter (Adv.; *comis*) - freundlich

tacitus, *a, um* - schweigend

Macte virtute! - Bravo!

Galli - die Gallier, Kelten

Mosella - die Mosel

vastare - verwüsten

quantum - wieviel

Marmorkopf des Kaisers Hadrian.
Württembergisches Landesmuseum, Stuttgart.
Auf seiner ersten großen Reise als Kaiser besuchte er in den Jahren 121/122 Germanien.

a) Erläutere jeweils die Funktion der Konjunktivformen in den Zeilen 8–10.

b) Suche in diesem Abschnitt je ein Beispiel für: Apposition, Genitivus partitivus, Dativus finalis, Vokativ.

DE EGBERTI CONSILIO

Dum duo Germani haud celeriter iter per silvas faciunt, subito voces audiverunt. Statim in proxima virgulta se abdiderunt et parvam armatorum manum appropinquantem viderunt. Profecto homines Suebae gentis erant, socii Egberti inter haec loquentes: Egbertum cum Treverorum ducibus consilium inisse in oppidum Bonnam convenire, ut Caesari, qui amicos visurus in eo oppido moraretur, insidias pararent, eum necarent, denique omnes Romanos Germania expellerent.

Quibus verbis ex-auditis Rinoldus, cum ista manus praeterisset, „Non dubito", inquit, „quin huic concilio noctem lunae novae destinaverint. Quod interlunium prope est, nobis maturandumst!" Quamobrem constituerunt, ut Rudgarius postero die Bonnam contenderet et Caesarem de periculo et de insidiis doceret. Tum iter ad cavernam, quia ambo fatigati erant, conficiunt.

abdere (*abdo, abdidi, abditum*) - verstecken

Bonna - Bonn

destinare - bestimmen, festsetzen
interlunium - Neumond
maturare - sich beeilen, eilig handeln
quamobrem - deshalb
fatigare - ermüden (trans.)

Kelten und Römer

a) Was haben die Anhänger des Egbertus wörtlich gesagt?

b) Nenne Nominativ, Genitiv und Genus zu folgenden Substantiven aus diesem Abschnitt: iter (1), voces (2), manum (3), homines (4), insidias (7), die (14).

CAESARI INSIDIAE PARANTVR

Postridie Rudgarius prima luce e somno excitatus confestim Bonnam profectus est. Cum familia Rinoldi ac Rudgarii in hac Germaniae parte multos amicos haberet, qui adulescenti auxilio esse possent, haud difficulter aliquem invenit, qui equum validum ei praeberet. Effusis habenis sine ulla mora post diem secundum Bonnam pervenit. Quia oppidum celeberrimum erat, Rudgarius multas horas in quaerendo consumpsit, ubi Romanorum habitationes sitae essent. Tum demum – dies erat post lunam novam – domum amicorum Caesaris invenit. Eodem tempore, quo adulescens domui appropinquavit, Caesar ipse, toga pallioque vestitus, quia tempestas iam frigida erat, ianua egreditur. Subito Rudgarius virum aliquem ex aedificio vicino caute excedentem et Caesari ob-euntem animadvertit.

Cum ille Caesarem ad-loquebatur,
Rudgarius
Caesarem in periculo esse suspicans
celerrimo gradu hominem subsequitur et,
ubi eum sicam amictu educentem videt,
pedem porrigens
eum supplantat,
simul „Cave, Caesar!“ clamans.

Complures praetereuntes hominem superant atque sicam ei adimunt. Diu sciscitando denique apparuit istum socium Egberti esse, cui in concilio superiore nocte habito mandatum esset, ut Caesarem e medio tolleret. Clementiae suae memor Caesar vitae hominis pepercit et eum in vincula conici iussit.

postridie ~ *postero die*
effusis habenis (*habenas effundere* - die Zügel schießen lassen) - im Galopp
celeber, *-bris, -bre* - vielbesucht
habitatio, *-onis* f. - Wohnung
pallium - Mantel
frigidus, *a, um* - kalt
vicinus, *a, um* - benachbart
cautus, *a, um* - vorsichtig
amictus, *-us* m. - Umhang, Obergewand (ohne Ärmel)
porrigere (*porrigo, porrexi, porrectum; regere*) - vorstrecken, ausstrecken
supplantare - ein Bein stellen, zu Fall bringen
sciscitari - befragen
e medio tollere - aus dem Weg räumen
clementia - Milde, Nachsicht

a) Beginne dieses Kapitel nicht mit der Übersetzung, sondern suche alle Adverbialia heraus und schreibe sie in der Reihenfolge auf, in der sie im Text erscheinen. Konzentriere dich dabei auf Angaben zu Zeit (temporal), Ort (lokal) und Art und Weise (modal) und markiere sie in verschiedenen Farben. Versuche nun, den Fortgang der Erzählung nur anhand dieser Adverbialia zu erschließen.

b) Fertige eine Liste der in diesem Kapitel verwendeten Partizipien an und nenne ihre jeweilige Funktion im Textzusammenhang.

c) Suche in diesem und dem vorigen Kapitel je ein Beispiel für ein prädikatives Gerundiv und ein Gerundium im Genitiv und Ablativ.

d) Welche Funktionen haben die verschiedenen Dativformen in diesem Abschnitt?

IN BONNA OPPIDO

Tandem Caesari datur facultas Rudgarium salutandi. Complexus eum „Gratias maximas", inquit, „tibi debeo, quod istum impedi(vi)sti, ne me necaret! Nunc vero te mecum in amicorum domum ire opportet, ut illos cognoscas." Ibi multis cibis – pane, lacte concreto, melle aliisque rebus – a servo ad-portatis Rudgarius Caesarem de omnibus certiorem fecit, quae ipse cum patruo in virgultis abditus audiverat. Quibus rebus a Caesare gravi vultu acceptis pulchra puella conclave intravit. Caesar summo cum gaudio exclamavit: „Heus, Marcia! Hic est Rudgarius, amicus atque salutis meae auctor", et ad Rudgarium versus: „Illa venusta puella – an potius dicam: adulescentula? – est Marcia, hospitum meorum filia." Marcia statim progreditur et Rudgario dextram porrigit; ambo erubescunt.

Paulo post Marciae parentes, Gaius Marcius Trebonius ac Gerlinda, uxor eius Germanica, intrant. Trebonius, qui praefectus equitum in exercitu Romano fuerat, in quodam oppido ad Rhenum flumen sito eam cognoverat et in matrimonium duxerat. Gerlinda Rudgarium liberaliter invitavit, ut quosdam dies domi suae maneret. Quo Rudgarius valde delectatus est.

Vesperi, postquam optime cenaverunt – saporem porcelli laureati imprimis laudabant –, Marcia atque Rudgarius voluptatis causa per oppidum ambulabant. Hac occasione utens Marcia puero narravit Gaium patrem compluribus annis ante in exercitu Caesaris militavisse et, cum muneribus militaribus se abdicavisset, Bonnam domicilio delegisse, quo in oppido postea tabernam textoriam aperuisset. Lanam e Gallia Cisalpina im-portatam et Bonnae netam ac textam esse, sed picturas textiles Romae factas esse. Tales sermones inter se habentes Rudgarius Marciaque pulcherrimas oppidi tabernas mirabantur.

complecti (*complector, complexus sum*) - umarmen
lac concretum - „geronnene Milch", Quark
mel, *mellis* n. - Honig
conclave, *-is* n. - Zimmer
Heus! - Hallo!
venustus, *a, um* - reizend
erubescere - rot werden, erröten
praefectus equitum - Reiteroffizier
matrimonium - Ehe
liberaliter (Adv.) - großzügigerweise
vesperi - am Abend
sapor, *-oris* m. - Geschmack
porcellus laureatus - mit Lorbeer gewürztes Spanferkel
munere se abdicare - ein Amt niederlegen
taberna textoria - Tuchgeschäft
lana - Wolle
nere (*neo, nevi, netum*) - spinnen
Gallia Cisalpina - Oberitalien
texere (*texo, texui, textum*) - weben
pictura textilis - Webmuster

Beschreibe mit deinen eigenen Worten den Werdegang des Gaius Trebonius.

MARCIA VI RAPITVR!

Quamquam iam advesperascit, multi tamen homines adhuc in vicis et viis versantur. Fremitu autem Rudgarius, qui quietem silvarum praeferebat, aliquantum vexatus est, praesertim cum nullo tempore nisi vesperi atque noctu curribus in oppido vehi liceret. Quidam homines curru – raeda potius erat – eos praeter-vehebantur, cum subito ostium currus patefactum est, vir robustus desiluit, Marciam comprehendit et intro rapiebat. Marcia vehementissime restitit, atque Rudgarius, qui eam defendere vult, rota afflictus est et cecidit. Marcia vi capta et curru ablata est. Quae omnia tanta celeritate facta sunt, ut vix ab aliis animadverterentur. Rudgarius etsi exsiluit et currum sequi coepit, mox hoc inutile esse intellexit. Tandem maestus ad hospites rediit. Re paucis verbis narrata neque Caesar neque Marciae parentes satis intellegere potuerunt, qua de causa puella rapta esset. Gerlinda et Gaius attoniti mutique sedebant, Caesar iratus ultro citroque commeabat.

advesperascere - abendlich werden, dunkeln
fremitus, *-us* m. - Lärm

aliquantum (Adv.) - ziemlich, erheblich

raeda - Reisewagen

ostium - h. Türöffnung
patefacere (*patefacio, patefeci, patefactum*) - öffnen
robustus, *a, um* - kräftig
desilire (*desilio, desilui; salire*) - herabspringen
intro (Adv.) - hinein
rota - Rad
affligere, (*affligo, afflixi, afflictum*) - zu Boden werfen

exsilire (*exsilio, exsilui; salire*) - aufspringen

attonitus, *a, um* - bestürzt, ratlos
mutus, *a, um* - stumm, sprachlos
ultro citroque (Adv.) - hin und her, auf und ab
commeare - gehen

raeda
Rekonstruktion eines römischen Reisewagens, Römisch-Germanisches Museum Köln

Stelle möglichst viele Informationen zu den folgenden Gebieten zusammen:

a) Kleidung: Wie waren Römer und wie waren Germanen gekleidet?

b) Ernährung: Wie und was haben sie gekocht und gegessen?

c) Öffentliches Leben: Wie sah das Leben in einer germanischen ‚colonia' aus?

d) Römer und Germanen: Wie haben die Römer ein Gebiet kolonialisiert bzw. zur ‚provincia' gemacht?

Eine Kurzgeschichte kann natürlich nur wenige derartige Informationen enthalten. Beschaffe dir weiteres Material zu diesen Themen, z. B. aus deinem Lehrbuch, aus einem Geschichtsatlas, in einem Museum oder aus einem Museumskatalog.

Kannst du den weiteren Handlungsablauf der Geschichte vorausdenken?

MARCIA IN POTESTATE GERMANORVM

Interea Marcia aliam in domum deducta erat. Dum in raeda sedet, oculis panno velatis videre non potuerat, quam in partem oppidi auferretur. Panno tandem sublato se in conclavi sine ulla fenestra esse vidit, quod duabus modo lucernis parvis illustrabatur. Ipsa in arca sedebat. Raptores eius adulescens adulescentulaque erant, ambo Germani, id quod Marcia vestibus eorum cognoscit. Ira incensa puella rogavit: „Cur me rapuistis et huc deduxistis? Nullam iniuriam vobis attuli!“ – Cui responsum datur: „Caesarem cogere volumus Germaniam quam primum relinquere. Romanis militibus nobis opus non est!“ – Marcia autem: „Sed Romani una cum Germanis multos iam annos in hoc oppido vivunt! Ut exemplo utar, pater meus vir vere Romanus est, sed Germanam uxorem duxit.“ – „Mater igitur tua rei Germanorum magnum detrimentum intulit!“, adulescentula respondit. – His verbis valde concitata Marcia a sede sua ex-siluit, sed ab adulescente repulsa est. – „Nunc vero quid facere vultis?“, Marcia rogavit. – „Mox videbis! Ne multa interrogaveris!“ Haec verba locutus Germanus conclave reliquit.

pannus - Lappen
velare - verhüllen

lucerna - Öllampe

arca - Truhe, Kiste
raptor, *-oris* (rapere) - Räuber, Entführer

responsum - Antwort

detrimentum - Schaden
inferre *(infero, intuli, illatum)* - zufügen
concitare - erregen
repellere *(repello, reppuli, repulsum)* - zurückstoßen

Terra sigillata, festliches Tongeschirr mit Reliefschmuck. Römermuseum Augst (Schweiz)

Stelle aus diesem Abschnitt die verschiedenen Ablativformen zusammen und nenne ihre jeweilige Funktion im Textzusammenhang.

DE CONDICIONIBVS A GERMANIS LATIS

In domo Gai et Gerlindae Rudgarius interim valde sollicitus dormire non potest. Itaque foras vadit; per hortum ambulans subito aliquem haud procul sibilare audit. Hominem prope arborem stantem sibique signum nutu dantem animadvertit. Rudgarius caute appropinquans illum adulescentem Germanicum esse cognovit. Qui eum Sueba lingua ad-loquitur: „Duces Germanorum nobis mandaverunt, ut Marciam Gai Treboni filiam raperemus. Quae obses nunc in potestate nostra est. Vobis duas condiciones ferimus, si Marciam integram reduci vultis: alteram, ut Caesar Norbertum, Egberti filium, quem comprehensum habetis, e custodia e-mittat et in libertatem restituat; alteram, ut Caesar cum omnibus suis copiis e Germanorum finibus discedat et in alteram Rheni ripam trans-grediatur. Hoc Caesari nuntia! Ego cras eadem hora revertar.“ Quibus verbis dictis Germanus celeriter abiit. Cum Rudgarius clamans: „Cum Marcia loqui volo!“ eum insequeretur, ille e con-spectu eius iam evolaverat.

Statim Rudgarius ad amicos re-gressus omnia, quae audiverat, Caesari atque hospitibus suis narravit. Duas circiter horas deliberabant, sed consilium capere non poterant. Postremo Rudgarius fatigatus cubitum iit.

Mane cum somno experrectus esset, Rudgarius haud statim surrexit, sed in lecto manebat et de rebus superiore die gestis meditabatur. Consilium quoddam ex-cogitavit ...

condiciones ferre - Bedingungen stellen
sollicitus, *a, um* - besorgt, unruhig
foras vadere - nach draußen gehen
sibilare - pfeifen

Rhenus - der Rhein

evolare - weglaufen

cubitum ire - schlafen gehen

expergisci (*expergiscor, experrectus sum*) - aufwachen

Römische Schmuckfibeln (Broschen) aus Bronze.
Römermuseum Augst (Schweiz)

Welche Bedingungen für die Rückgabe Marcias stellen die Entführer? Sind diese Forderungen nach deiner Meinung verständlich?

QVOMODO DOLVS ADHIBEATVR

Cum advesperasceret et viae iam tenebris obscuratae tabernaeque clausae essent, Gaius et Rudgarius virgultis occultati in horto opperiuntur. Pauci homines vehiculis crepantibus etiam nunc domum Trebonii praeter-vehuntur.

Ecce! Iterum sibilus auditur. Statim surgens Rudgarius e virgultis egreditur et Sueba voce dicit: „Huc ades! Hic sine arbitris et tuti a periculo colloqui possumus!“ Ille paulum cunctatur, sed deinde caute circumspiciens appropinquat. Est idem ille adulescens, qui pridie venerat. „En!“, inquit, „Quod Caesaris responsum fuit?“ – Eodem puncto temporis subito Gaius Trebonius e tenebris prosilit et Germanum a tergo prehendit. Illi aliquid exclamanti Rudgarius celeriter panno os farcit. Communi labore Gaius Rudgariusque eum superant et vinciunt, quamquam vehementer resistit. „Nunc nobis domum monstra, in qua filiam meam absconditam tenetis!“, Trebonius magna et irata voce clamat. Cum Germanus, qui respondere non potest, immoto vultu stet, Gaius ei pugno minatur, ex-clamans: „Nisi extemplo respondes, te atrociter affligemus et prosternemus!“ Tum demum ille nutu significavit se obsequi velle.

tenebrae, *-arum* - Dunkelheit
obscurare - verfinstern, verbergen

opperiri - warten
crepare - knarren, quietschen, klappern

sibilus - das Pfeifen, Pfeifton

arbiter, *-tri* m. - Zeuge, Mitwisser

pridie (Adv.) - am Vortag
En! - Also! Los!
punctum - Punkt

prosilire - nach vorn springen
prehendere (*prehendo, prehendi, prehensum*) - packen
farcire - verstopfen

abscondere (*abscondo, abscondi, absconditum*) - verstecken

immotus, *a, um (movere)* - unbewegt
pugnus - Faust
minari - drohen
extemplo (Adv.) - sofort
atrociter (Adv.; *atrox*) - hart, fürchterlich
prosternere - niederstrecken
obsequi - gehorchen

Römische Schuhe mit Verzierung; vorn Original, dahinter Nachbildung. Saalburgmuseum, Bad Homburg

Nenne zu allen Partizipien in diesem Abschnitt die dazugehörigen Substantive bzw. Pronomina.

DE FINE MIRABILI

Deinde compedibus remotis utrumque lacertum eius firme comprehenderunt. Rudgarius sicam manu tenuit. Tum Germanus ingenti metu permotus eos ad illam domum duxit. Quo cum venissent captivoque pannum ex ore ex-emissent, iste ad domum versus ex-clamavit: „Aperi ianuam! Ego ipse sum!“, et ubi mulier paruit ianuamque aperuit, Gaius et Rudgarius Germanum intro pepulerunt. Qua re visa mulier auxilium a deis implorans confestim in interiorem partem aedium se coniecit. Dum Rudgarius sicam semper manu tenens adulescentem custodit, Trebonius per totam domum ruit clamans: „Marcia! Marcia!“ – „Hic sum, pater!“ – Tandem filiam suam in lecto quodam vinctam invenit. Ilico eam integram esse cognoscit, vincula eius solvit, complectitur eam, osculatur. Deinde totis in aedibus quaerit, dum virginem Germanicam repperit. Tum clamat: „Huc veni, Rudgari!“ – Sicam proferens ille Germanum in conclave pro-pulit, in quo Gaius, Marcia Germanaque stabant. Ad scelestos versus Gaius imperavit: „Illic considite, illic in isto lecto!“ Quo facto ipse quoque sicam prompsit et ... Rudgarius et Gaius duobus Germanis crines secuerunt! Quo opere perfecto Trebonius dixit: „Haec sociis vestris nuntiate: Eadem poena afficietur, quicumque aliquid a Romanis ex-primere ausus erit!“

compes, *-pedis* f. - Fußfessel
lacertus - Arm
implorare - erflehen
custodire - bewachen
ilico (Adv.) - auf der Stelle, sogleich
osculari - küssen
illic (Adv.) - dort
promere (*promo, prompsi, promptum; emere*) - hervorholen
secare (*seco, secui, sectum*) - abschneiden
exprimere (*exprimo, expressi, expressum; premere*) - erpressen

Römischer Feldherr nimmt die Unterwerfung eines Germanen entgegen.

Rheinisches Landesmuseum, Trier

LESETIPS ZUM THEMA „GERMANEN UND RÖMER"

Tilmann Bechert: Marcus, der Römer; Verlag Gronenburg
Josef C. Grund: Feuer am Limes; Verlag Loewe
Josef C. Grund: Gib mir meine Legionen wieder; Verlag Loewe
Werner Hörnemann: Hanno zwischen zwei Welten; Verlag Bitter
Irene Ruttmann: Titus kommt nicht alle Tage; Verlag dtv junior
Hans Dieter Stöver: Die Akte Varus; Verlag Arena
Hans Dieter Stöver: Große Gegner Roms; Verlag Arena
Michael Tesch: Die Weissagung der Wölwa; Verlag Herder

Hier ist eine Leseprobe aus dem Buch „Titus kommt nicht alle Tage":

WAS MACHT EIN RÖMER IM SCHNEE ?

Es schneite immer noch. Der Schnee fiel jetzt so dicht, dass ihre Fußspuren nicht mehr zu sehen waren. Sie waren heute die einzigen Besucher des Römerkastells. Sie gingen ein paar Schritte die via praetoria zurück und zum überdachten Umgang des Mittelgebäudes. Auf den Grabsteinen, die an der Innenwand aufgereiht standen, waren ernste Krieger zu sehen, darunter zentimeterhohe lateinische Buchstaben. Ein Reiter hatte das Pferd hochgerissen und sprengte über seinen Gegner hinweg, der am Boden lag.
„Was steht da drauf?" fragte Andi, der die kleinen Übersetzungstafeln neben jedem Stein noch nicht entdeckt hatte.
Herr Agricola stellte sich davor, lachte und sagte: „Das könnten wir eigentlich selbst übersetzen!"
Ich muss mich ja nicht gerade vordrängen, dachte Sven. Er stand etwas abseits von der Schülergruppe und schob sich jetzt in den Gang außer Sichtweite des Lehrers.
„Dolanus aus Esbenus, ach nee, Sohn des Esbenus, Reiter der vierten Thrakerkohorte ...", hörte er Andi stottern und dazwischen helfend die Stimme von Herrn Agricola. Sven mußte an den aufgeregten Museumswärter denken. Was hatte der eigentlich für ein Schild gemeint? Nachdenklich malte er mit der Fußspitze Figuren in den Schnee, während er sich langsam von den anderen entfernte.
„ ... war vierundzwanzig Jahre im Dienst ...", hörte er noch und trat gedankenverloren in die schmalen Fußspuren, die den Gang entlang und vom Haus wegführten. Sie lagen etwas weiter auseinander als seine Schritte, und er mußte ein bißchen hüpfen, um sie genau zu treffen.
Wer hat denn bei diesem Wetter Rennschuhe an oder so komische Nageldinger wie Spikes? dachte er. Aber plötzlich blieb er wie angewurzelt stehen. Hatte er sich geirrt, oder ähnelte die Spur vor ihm wirklich dem Abdruck des römischen Schuhs aus dem Glasschrank? Aber wie sollte das möglich sein? Sven guckte wieder und wieder auf die schmale Fußspur, die die zugeschneite via principalis kreuzte und auf eine der beiden Mannschaftsbaracken zuführte, die hinter dem Museum nach alten Plänen aufgebaut worden waren. Es gibt zwei Möglichkeiten, überlegte er. Entweder ich gehe zurück und erzähle den anderen, was ich gesehen habe oder ich versuche allein herauszufinden, was da los ist. Und schon schneite die Spur langsam wieder zu. Sven folgte ihr in großen Sprüngen.
Die beiden Baracken standen so dicht nebeneinander, dass sie eine schmale Gasse bildeten. Die vorgezogenen Dächer wurden von dunkelgebeizten Holzpfosten gestützt, so dass an den Längswänden geschützte Gänge entstanden waren. An jeder Barackenwand befanden sich in gleichmäßigen Abständen etwa neun Türen nebeneinander. Die Fußspur endete vor einer von ihnen. Es war jetzt sehr still. Sven spürte sein Herz klopfen. Ganz leicht drückte er gegen das schwarzgeteerte Holz der Tür. Sie gab nach und schwang wie von selbst nach innen. Sven setzte einen Fuß in den Raum und beugte sich vor.

LESETIPS ZUM THEMA „GERMANEN UND RÖMER“

Ein verstaubtes kleines Fenster ließ nur wenig Licht herein. Die Ecken des Raumes waren vollgestopft mit allerlei Gerümpel. Eine Art Abstellkammer, dachte Sven und erkannte Kisten, einen umgedrehten Gartentisch und einige Parkbänke. „Ist hier jemand?“ fragte er laut und fand seine eigene Stimme merkwürdig dünn.
Da entdeckte er sie: Die schmale Fußspur führte quer über den Boden. Jetzt war sie nass und deutlich zu sehen. Sie verschwand hinter einer hohen Kiste: Auf einmal hatte Sven keine Angst mehr. Mit drei schnellen Schritten war er bei der Kiste. Auf dem Boden saß mit angezogenen Knien ein Junge. Er wirkte ganz ruhig und schien auch nicht zu erschrecken, als Sven vor ihm stand. Gelassen blieb er sitzen und sah Sven freundlich an. Och, bloß ein Junge, dachte Sven enttäuscht. Bin ich dafür durch den Schnee gestapft? Aber auf einmal sah er an den Füßen des Jungen die römischen Schuhe. Nicht schwärzlich und verschrumpelt, sondern braun und glatt. Sie wirkten nicht gerade neu, hatten aber auf keinen Fall tausendsiebenhundert oder tausendneunhundert Jahre im Wasser gelegen.
Dann erst entdeckte er, daß die Beine des Jungen nackt waren. Nackt und braun bis zu den Hosen, engen Lederhosen, die die Knie bedeckten. Wie besonders altmodische Bermudashorts. Weiter oben wurde es noch merkwürdiger. Über der Hose hing ein weißer Überwurf in vielen Falten, von einem Gürtel zusammengehalten. Um die Schultern lag ein Umhang, und der war schön. Von zarter grüner Farbe, an den Rändern mit einer goldgelben Borte eingefasst und auf einer Schulter von einer Spange zusammengerafft.
Aber der Kopf ist ganz normal, dachte Sven. Er hat eine Frisur wie ich in der ersten Klasse, als meine Mutter mir noch selbst die Haare rundherum gleichmäßig abschnitt. Und große dunkle Augen hat er wie Gino, scheint aber älter zu sein, mindestens vierzehn.
Sven war verwirrt. Irgend etwas war merkwürdig. Wurde hier etwa ein Film gedreht? Aber dann hätten sie doch früher etwas merken müssen. In seinem Kopf arbeitete es, und er wusste nicht, was er sagen sollte. Der Junge schien das zu spüren, denn er erhob sich langsam, verbeugte sich leicht und sagte mit klarer Stimme: „Ave.“
Was ist denn jetzt los, dachte Sven. Warum sagt der lateinisch „sei gegrüßt“ zu mir und antwortete unwillkürlich laut „Ave“.
Der Junge lachte ihn an und wollte gerade etwas sagen, da war hinter Sven ein Geräusch. Der fuhr herum. Da stand Julia Feyerabend, ein Mädchen aus seiner Klasse, und starrte die beiden neugierig an.
„Wo steckst du denn bloß? Wir suchen dich überall“, sagte das Mädchen mechanisch, ließ aber die Augen nicht von dem fremden Jungen und setzt sofort hinzu: „Wer ist denn das?“
Bevor Sven mit den Schultern zucken konnte, antwortete der Junge schon selbst: „Titus Gaius Lentulus.“ Es klang frisch und munter. Wieder verbeugte er sich ein wenig dabei und sah die beiden freundlich an, als warte er auf etwas.
„Also, ich heiße Sven Altmann, und das ist meine Klassenkameradin Julia Feyerabend“, stellte Sven vor. Bei dem Namen Julia ging ein Lächeln über das Gesicht des Jungen. Ob er sich wunderte, dass dies aufgeschossene Wesen mit den kurzen blonden Haaren und den langen Hosen ein Mädchen sein sollte? Dann sagte er, und es klang erleichtert: „Ich bin froh, daß ihr gekommen seid. Ich fürchtete schon, die Sonne würde untergehen und ich bliebe wieder allein. Dann wäre der Tag vorbeigegangen, ohne dass ich ihn genutzt hätte.“
Sven und Julia sahen sich an. Klingt irgendwie steif und altmodisch, dachte Sven. Wie ein Stück aus dem Lateinbuch. Übungen im Konjunktiv.
„Bist du ein Römer?“ hörte Sven sich fragen und wunderte sich, dass Julia nicht kicherte oder „spinnst du?“ sagte, sondern gespannt auf den Jungen blickte, der sich Titus soundso nannte. Sven setzte noch hinzu: „Bist du immer hier?“
„Ich bin ein römischer Bürger.“ Die Antwort klang stolz.

LERNWORTSCHATZ

abdere (abdō, abdidī, abditum)	verstecken
absēns	abwesend
afflīgere (afflīgō, afflīxī, afflīctum)	zu Boden werfen
aliquantum (Adv.)	ziemlich, erheblich
arbiter, -trī m.	Zeuge, Mitwisser
ārea	freier Platz
aspectus, -ūs m.	Anblick
atrōciter (Adv.)	hart, fürchterlich
āversa pars	„die abgewandte Seite", hinten
benīgnē (Adv.)	freundlich
cautus, -a, -um	vorsichtig
caverna	Höhle
celeber, -bris, -bre	vielbesucht
certiōrem facere	benachrichtigen
clēmentia	Milde, Nachsicht
cōgnātus	Verwandter
cōmiter (Adv.)	freundlich
commīlitō, -ōnis m.	Kamerad
complectī (complector, complexus sum)	umarmen
concitāre	erregen
condiciōnēs ferre	Bedingungen stellen
cōnfestim (Adv.)	sofort
conturbāre	verwirren
crepāre (crepō, crepuī, crepitum)	knarren, quietschen, klappern
cubitum īre	schlafen gehen
cūriōsus, -a, -um	neugierig
custōdīre	bewachen
dēlīberāre	überlegen
dēnsus, -a, -um	dicht
dēsilīre (dēsiliō, dēsiluī)	herabspringen
dētrīmentum	Schaden
ē mediō tollere	aus dem Weg räumen
expedītiō, -ōnis f.	Feldzug, Unternehmung
explicāre	erklären
explōrātor, -ōris m.	Kundschafter
extemplō (Adv.)	sofort
fatīgāre	ermüden
forās vādere	nach draußen gehen
frīgidus, -a, -um	kalt
habitātiō, -ōnis f.	Wohnung
haud dubiē	ohne Zweifel
iānua	Tür
illīc (Adv.)	dort
illūstrāre	erleuchten
immōtus, -a, -um	unbewegt
impedire, quōminus	daran hindern, dass
implōrāre	an-, erflehen
īnferre (īnferō, intulī, illātum)	zufügen (iniūriam)

LERNWORTSCHATZ

īnfēstus, -a, -um	feindlich, bedrohlich
intervallum	Zwischenraum, Abstand
intrō (Adv.)	hinein
intuērī (intueor)	betrachten
investīgāre	aufspüren, ausfindig machen
īrāscī (īrāscor, īrātus sum)	zürnen, zornig werden
iūxtā (Präp. m. Akk.)	neben
latēre (lateō, latuī)	versteckt sein
līberāliter (Adv.)	großzügigerweise
mātrimōnium	Ehe
mātūrāre	sich beeilen, eilig handeln
mīlitāre	Kriegsdienst leisten, dienen
minārī	drohen
mīrābilis, -e	wunderbar
mōmentum	Bedeutung, Wichtigkeit
mortem obīre	sterben
mortuus, -a, -um	tot
mūnere sē abdicāre	ein Amt niederlegen
mūtus, -a, -um	stumm
obscūrāre	verfinstern, verbergen
obsequī (obsequor, obsecūtus sum)	gehorchen
ōsculārī	küssen
ōstium	Türöffnung
paene (Adv.)	beinahe
pannus	Tuch, Stoff
patefacere (patefaciō, patefēcī, patefactum)	öffnen
patruus	Onkel (Bruder des Vaters)
paulō (Adv.)	ein wenig
paulum (Adv.)	ein wenig
pellis, -is f.	Fell
porta praetōria	Vordertor (des Lagers)
praecipuē (Adv.)	besonders
praefectus equitum	Reiteroffizier
prehendere (prehendō, prehendī, prehēnsum)	packen
prīdiē (Adv.)	am Vortag
priusquam	bevor
sē prōicere (prōiciō, prōiēci, prōiectum)	sich (nach vorn) stürzen
prōmere (prōmō, prōmpsī, prōmptum)	hervorholen
prōsternere (prōsternō, prōstrāvī, prōstrātum)	niederstrecken
pūgnus	Faust
pūnctum	Punkt
pūnīre	bestrafen
quamobrem	1. weshalb 2. deshalb
quantum	wieviel
repellere (repellō, reppulī, repulsum)	zurückstoßen
respōnsum	Antwort
retrō (Adv.)	zurück, rückwärts
rōbustus, -a, -um	kräftig

LERNWORTSCHATZ

rota	Rad
ruere (ruō, ruī, ruitūrus)	stürzen
secāre (secō, secuī, sectum)	abschneiden
sēcrētus, -a, -um	geheim
sēcūritās, -ātis f.	Sicherheit
sīca	Dolch
simulac (+ Ind. Perf.)	sobald
simulatque (+ Ind. Perf.)	sobald
sine dubiō	ohne Zweifel
sollicitus, -a, -um	besorgt, unruhig
subigere (subigō, subēgī, subāctum)	unterjochen, unterdrücken
summum supplicium sūmere dē	mit dem Tode bestrafen
tacitus, -a, -um	schweigend
tēnebrae, -ārum	Dunkelheit
tentōrium	Zelt
texere (texō, texuī, textum)	weben
trānsfīgere (trānsfīgō, trānsfīxī, trānsfīxum)	durchbohren
tremere (tremō, tremuī)	zittern
ulcīscī (ulcīscor, ultus sum)	sich rächen an (alqm); strafen
vāstāre	verwüsten
vēlāre	verhüllen
vesperī	am Abend
vestīre	bekleiden
vīcīnus, -a, -um	benachbart
vincīre (vinciō, vīnxi, vīnctum)	fesseln
virgultum	Strauch, Gebüsch

Abbildungen: C. Bertelsmann Lexikon Verlag, München; Bridgeman Art Library; Musée Crozatier, Ville du Puy-en-Velay; Peter Conolly, Spalding (2); Dr. Markus Junkelmann, Elsendorf; Franz Kaller, Oberhaid; Landesamt für Denkmalpflege in Rheinland Pfalz, Koblenz; Rheinisches Landesmuseum, Trier; Foto Römermuseum Augst, R. Humbert und P. Heman (4); Römisch-Germanisches Zentralmuseum Mainz (3); Saalburgmuseum, Bad Homburg v. d. H. (2); Württembergisches Landesmuseum, Stuttgart; Verlagsarchiv (3);